Une perle de pandore

Le Prince

Une perle de pandore

Poésie

Édition : BoD · Books on Demand, 31 avenue Saint-Rémy,
57600 Forbach, bod@bod.fr
Impression : Libri Plureos GmbH, Friedensallee 273,
22763 Hamburg (Allemagne)

Illustration :

ISBN : 978-2-3225-5548-2
Dépôt légal : Avril 2025

Il existe dans l'univers des rencontres qui défient le hasard, des âmes qui, une fois réunies, tissent un lien que rien ne saurait briser. Comme des étoiles jumelles, elles brillent d'une même lumière, illuminant leur chemin d'une lueur intemporelle. Ensemble, elles écrivent leur propre destin, telle une promesse gravée dans le ciel de l'éternité.

Une perle de Pandore

Dans la mythologie grecque, la boîte de Pandore contenait tous les maux de l'humanité. Mais au fond de cette boîte se trouvait également l'espoir, cette lumière indomptable qui brille même au cœur des ténèbres. C'est cet espoir que l'on retrouve dans chacun des poèmes qui composent ce recueil, intitulé La Perle de Pandore.

C'est une déclaration de la beauté de la connexion humaine, une ode à cette flamme éternelle que l'on appelle Amour. Chacune de mes créations est comme une pétale de rose qui s'épanouit sous la lumière de l'espoir, une boussole guidant les âmes perdues vers un amour authentique et sincère.

Dans chaque poème, vous trouverez l'écho d'un sentiment universel, la vibration de ces moments où nos cœurs se touchent et s'unissent. Mes vers racontent cette histoire de hasard et de destin, de passion et de douceur. Ils parlent de ces instants où le monde semble s'arrêter pour nous laisser savourer un éclat de bonheur.

Chaque strophe est un écho d'une histoire d'amour naissante, qu'elles soient passées ou présentes. Mes inspirations naissent aussi des récits entendus, des émotions traversées et des instants fugaces qui laissent une empreinte indélébile. Mon personnage devient alors le messager de ces sentiments, les traduisant en mots pour toucher les âmes.

Tout au long de ce recueil, j'ai voulu exprimer cette vérité simple : l'amour est un trésor qui mérite d'être cherché, trouvé, et chéri. Dédié à tous ceux qui cherchent cette perle précieuse, à ceux qui croient en l'étincelle magique qui éclaire même les chemins les plus sombres.

Je vous invite à découvrir ces poèmes comme on découvrirait une boîte de Pandore inversée, une boîte qui, au lieu de libérer des maux, vous offrira des instants de tendresse, des promesses de bonheur, et des éclats de lumière. Puissiez-vous y trouver l'inspiration et surtout, la certitude que l'amour, comme une perle rare, est à la portée de ceux qui ont le courage de le chercher.

Le Prince

Les Secrets de la boite

Le voyage commence avec les éléments de la nature, un hommage aux forces primordiales qui régissent notre monde. Leur harmonie est essentielle, car tout excès ou déséquilibre peut engendrer destruction et chaos. Ce poème nous rappelle que la nature, aussi belle que puissante, doit être respectée et comprise, car elle est à la fois source de vie et gardienne de son fragile équilibre.

De cet équilibre naturel émerge une quête personnelle et spirituelle, celle de La Perle de Pandore. Cette perle, symbole de pureté et d'éternité, représente une quête intérieure, l'aspiration à trouver l'amour véritable, le bonheur durable, et à surmonter les épreuves imposées par les forces invisibles de l'univers. Comme les éléments, l'amour est un équilibre délicat à préserver, un trésor à protéger et à cultiver.

Ainsi, ces deux poèmes s'unissent pour illustrer la dualité entre le monde extérieur et la quête intérieure.

Les éléments de la nature

Ils sont au nombre de cinq puissants et indissociables

Régnant sur le bien-être de notre monde
Ils peuvent tout détruire en quelques secondes
Car le trop peut nuire à ce qui est précieux
En perturbant l'harmonie dans n'importe quel milieu

Il y a pour commencer,

L'eau qui est l'élément le plus convoité par l'humanité
Car elle nous est vitale pour vivre dans l'unité
Sa rareté peut aussi semer la discorde
Car l'eau est précieuse, bien plus qu'un trésor qu'on s'accorde

Ensuite,

La terre symbole de stabilité et de fertilité
Nécessaire pour construire un foyer avec sérénité
Elle est étroitement liée à l'eau qui conditionne cette dualité
Celle de subvenir à nos besoins dans cette réalité

On continue avec,

L'air sans qui nous ne pourrions pas respirer
Celui qui conditionne notre apport d'oxygène pour exister
Il nous apporte fraicheur lorsqu'il fait chaud
Et nous réconforte dans une douce brise qui apaisent nos maux

Et on poursuit avec,

Le feu, l'élément le plus fascinant et mystique
Capable de créer une chaleur presque magique
Il nourrit nos foyers et éclaire nos nuits
Offrant sa chaleur peu importe où l'on fuit

Et pour finir,

L'éther qui symbolise pour la plupart l'esprit
L'élément qui uni tous ces éléments sans oubli
Car ils sont dépendants l'un de l'autre dans cet univers
Afin d'offrir la vie sur terre avec des saisons aussi diverses

Il nous faut donc,

Apprendre à écouter chaque élément
En honorant la vie et ses fondements
Car en respectant cet équilibre essentiel
Nous préserverons notre monde avec ce lien éternel

La perle pandore

D'après les on-dit, elle est pleine de mystère
Elle a traversé des siècles et même des millénaires
Elle renferme les plus grands secrets de ce monde
Un graal qu'on souhaite découvrir avant tout le monde

Mais elle renferme,

Toutes les souffrances et les maux de l'humanité
Et restera à jamais l'un de nos plus grands combats
Qui est de vaincre ce vice détenant bien des vérités
Parfois entremêlé de sombre récit de vanité

Une chose reste,

Au fond de cette boite, la perle d'infini
Unique elle t'apportera le bonheur éternel
Portant dans son éclat, cet espoir intemporel
Qui permet aux personnes qui la trouve d'être bénies

Elle t'illuminera à jamais chaque instant que Dieu fait
Te montrera que les épreuves comportent de nombreux bienfaits
Que vivre heureux est une philosophie de tous les jours
Laissant la vie couler sans craindre les détours

Et tout ce qu'elle peut te faire comprendre
Elle fera en sorte de te l'apprendre
Avec le temps qu'elle estimera nécessaire
Pour profiter de chaque instant que t'offre l'univers

Avec un soupçon de sagesse

Nous montrant,

Que l'essentiel n'est pas dans l'abondance
Mais dans la qualité des relations de notre existence
Nous montrant l'essence et la nature de nos fréquentations
Pour que l'on puisse d'adapter à chaque situation

La boîte dans son mystère murmure cette vérité
Que l'essence de la vie réside dans la simplicité

Une perle de dualité

Comment savoir si

La nuit précède le jour
Ou le jour précède la nuit
Et le blanc, l'opposé du noir

Puisqu'il existe,

Le crépuscule pour finir le jour
L'aurore pour finir la nuit
Et un mariage parfait pour en faire le gris

Donc,

Bien que chacun de nos choix soit libre
Tout est une question d'équilibre
Dans un monde où la vérité se trouve dans l'aurore
Et chaque pensée du crépuscule est d'or

Et il est vrai,

Qu'une simple pause dans un monde bruyant
Permet d'observer des réflexions les plus brillantes
Qu'une pensée céleste nous ramène à l'essentiel
Au travers de millions d'étoiles dans le ciel

Et pour preuve,

Chaque soir, c'est la lune qui nous éclaire
Et nous permet d'y voir plus clair

Car chaque jour, c'est à la place du soleil
D'éclairer nos vies de merveilles

Et donc,

Dans les tumultes de tous les jours
Difficile de se prendre du temps
Se poser tranquillement dans cet espace-temps
Et, analyser tout ce qui se passe aux alentours

Et oui,

Notre monde va trop vite
Nous ne prenons plus soin de l'essentiel
De celui qui nous permet de vivre et nous abrite
Car tout est devenu artificiel

Car,

Dans ce monde, tout n'est pas question de dualité
Mais un juste équilibre à notre réalité
Savoir dans certaines situations adopter la bonne posture
Pour en récolter les bienfaits les plus purs

Savoir donc,

Si la nuit est l'absence de lumière
Ou la lumière est due à l'absence d'obscurité
Est une question que l'on doit se poser

Au-delà de la Boîte : Quête de l'Équilibre

Après avoir traversé l'univers des éléments de la nature et découvert l'équilibre délicat qui maintient notre monde, nous plongeons maintenant dans un autre domaine tout aussi complexe : celui des Perles de Vie. Ces perles symboliques, fruits de notre expérience humaine, sont autant de fragments de sagesse que nous récoltons au fil du temps.

Ces Perles de Vie dévoilent des vérités plus intimes. Chaque poème explore une dimension unique de notre existence : le passé qui nous façonne, la vérité qui se cache, le jugement qui nous emprisonne, et enfin, la résilience qui nous libère. Tout comme les éléments interagissent pour créer le monde, ces perles forment ensemble une mosaïque de ce qui nous rend humains.

Ainsi, chaque perle devient un miroir, reflétant à la fois nos luttes et nos triomphes, nous invitant à méditer sur les leçons que la vie nous enseigne à travers ses épreuves. Ces poèmes sont une invitation à explorer ce voyage intérieur, à la fois personnel et universel.

Une perle du passé

Quand on y repense
Le passé a un goût amer
Et c'est là, que nos épreuves font sens
Avec cette odeur très particulière

Un passage obligé pour nous élever
Un obstacle rencontré pour mieux nous relever
Qui nous montre bien des vérités
Que l'on apprend généralement par des vulgarités

Lorsque l'on regarde,

On aperçoit sa propre évolution
Et on admet avec humilité
Que c'était sans nul doute la meilleure solution
Car on apprend à vivre avec agilité

Et oui,

Une leçon apprise dans la douleur
Nous enseigne bien plus que de belle parole
Car gravée dans les moindres recoins de notre cœur
Cette victoire nous éclaire comme un symbole

Une perle de vérité

Toujours,

Parmi les plus recherchés
Elle est toujours bien cachée
Des personnes qui font confiance
De par leur bonté et croyance

Elle,

Porte en elle, souvent une triste réalité
Qui est généralement déguisé par l'honnêteté
Pour se transformer au fils du temps en fabulation
Jusqu'à en perdre son essence de départ dans une fiction

Bien souvent,

Elle attire les regards en s'habillant avec beaucoup de fantaisie
Mais ces habits sont empreints de beaucoup d'hypocrisie
Elle attire par la prestance d'une belle histoire à raconter
Qu'elle est admise par tous sans y êtes confronté

Pour finalement,

Être révélé au grand jour après qu'une longue période absence
Après un long moment resté dans l'étang
Qu'on ne doutait même plus de sa présence
Car elle ne peut rester caché bien longtemps

Une perle de jugement

Il est souvent émis par tous
Sans même en comprendre la source
Il est empreint de beaucoup de vertus par de nombreux jaloux
Qui ferait tout pour être admis de tous

Il,

Sait prendre une voix émouvante pour attirer les regards
Au détriment d'une situation souvent dramatique
Car dans la plupart des situations, nous recherchons ce césar
Du meilleur scoop pour raconter cette histoire mélancolique

Mais il faut savoir,

Que celui qui jalouse une situation par sa parole
Ne pourra jamais avancer plus loin que la portée de son opinion
Car la vie est une succession d'épreuves, d'évènements et de
décisions
Qui peut changer du jour au lendemain car on en perd le contrôle

C'est la raison,

Pour laquelle nous devons être le plus neutre sur une situation
Regarder et observer l'histoire racontée avec une vision globale
Car dans chaque difficulté rencontrée se cache une grande morale
Qui reste souvent incomprise par manque d'attention

Perle de résilience

Elle dure des années et exploite toutes les failles
Les combats s'enchaînent avec des histoires en pagaille
Te met à l'épreuve sur les différents aspects de la vie
Que tu te poses des questions sur son sens car tu survis

Les épreuves peuvent sembler interminables
Et tout ton repère semble être instable
Elle te fait voir de toutes les couleurs
Et exploite toutes les facettes de la douleur

Même si la route parait longue
Rappelle- toi qu'elle est temporaire

Mais,

Elle t'enseigne objectivement la résilience
D'être fort dans n'importe quelle situation
D'accepter les évènements avec une autre vision
Et te montre que chaque événement a son importance

Maintenant,

Je serai présent dans chacune des épreuves
Je t'assisterai dans chacun de tes combats
Et ce, peu importe qu'il vente où qu'il pleuve
Je serai ta base pour un future heureux sans débat

Mais sache que,

Cette phase d'ombre n'est que temporaire
Après la nuit vient le jour
Même si elle parait longue et téméraire
Elle se terminera prochainement pour laisser place à la lumière

Pour ensuite,

Briller de joie tous les jours
Et profiter pleinement de la vie

La perle

Révélations de la Boîte de Pandore

Les poèmes qui suivent racontent l'écho d'une rencontre, celle qui survient après avoir retrouvé la Perle d'Infini jadis perdue. Telle une révélation, l'amour s'éveille à travers les mots, guidé par cette muse intemporelle, incarnée sous les traits d'une princesse.

Ainsi, l'amour se dévoile, infusant une douce ivresse à ceux qui osent s'y abandonner. Chaque vers capture l'essence d'un lien unique, d'une rencontre capable de bouleverser une existence. Comme une étoile filante à travers l'immensité du ciel, cette alchimie laisse une empreinte indélébile, gravant en lettres d'or les souvenirs d'une histoire hors du temps. Car l'amour, dans toute sa magie, demeure ce trésor insoupçonné, que l'âme cherche parfois sans le savoir, et que ces poèmes tentent d'immortaliser.

Chaque récit témoigne d'une connexion rare, transcendante, forgeant des souvenirs impérissables. Ils rappellent que la vie est jalonnée de rencontres précieuses, semblables à des étoiles filantes, illuminant nos cœurs et nos esprits. Ces instants fugaces, où tout semble suspendu, renferment souvent le plus grand trésor de notre voyage.

Une rose éternelle

Plongé dans une tristesse infinie
Pour avoir jeté cette perle d'infini
J'ai accepté ce destin d'un cœur malheureux
Car persuader d'être quelqu'un de malchanceux

Laissant mes larmes se transformer en tempêtes
Faisant pleuvoir un torrent de tristesse
Dans le palais et le trône de mon cœur
Acceptant de vivre dans ce malheur

Errant dans ce lac ténébreux de désespoir
Sans étoiles pour me guider dans ce brouillard chaque soir

Une étincelle de lumière a attiré mon attention
Tellement brillante qu'elle m'a tiré de cette dépression
Une nouvelle flamme est née pour éclairer mes yeux
Illuminant mon cœur pour être enfin heureux

Une rose est donc apparue aux portes de mon cœur
Symbolisant une nouvelle flamme d'un bonheur éternel
J'espère donc que ma présence auprès d'elle sera exceptionnelle
Et que l'éclat de cette flamme est réciproque à chaque heure

Une renaissance en 4 secondes

Une seconde a suffi pour la graver dans mon cœur
Deux pour que l'univers me montre cette évidence
Trois pour que je commence une nouvelle romance
Et quatre pour me dire que j'ai enfin trouvé mon bonheur

Cette perle d'infini que j'ai jetée il y a bien longtemps
Et remontée de la boite pour se présenter à mes yeux
L'espoir m'avait prévenu que ce n'est qu'une question de temps
Mais la tristesse me disait que je ne pourrais être heureux

Elle avait un éclat aussi brillant que le soleil
Qu'elle apparait maintenant chaque soir dans mon sommeil
Car elle me complète, dissipe mes peines et me guide vers ce
bonheur
Maintenant et à jamais mon cœur sera toujours à la bonne heure

Un instant magique

Chaque instant auprès de toi est magique
C'est comme si le temps s'arrêtait
Et qu'on pouvait conjuguer un temps féérique
Pour partager un moment plus que parfait

Nos regards se croisent et forment une symphonie
Comme si nos pensées dansaient en parfaite harmonie
Créant une musique berçant les oiseaux
Invitant l'univers à contempler ce cadeau

Si bien même que,

La lune en plein jour apparaîtra
Pour regarder cette scène qu'elle gardera
Dans ces lueurs chaque soir pour nous éclairer
Et répandre lors de ses phases un bonheur à célébrer

Une perle de rose

La rose qui éclaire mon cœur à cette heure
Illumine mes journées d'un pur bonheur
Ses pétales, à elles seuls, forment mon univers
Celle qui me complète dans chaque multivers

Je la protégerai, peu importe les obstacles
Même si je dois franchir les mers pour un miracle
Rencontrer chaque ennemi pour les affronter
Et leur dire que cette rose doit être respectée

Une perle de rose dans le palais de mon cœur
Siégera sur un trône aux mille et une étoiles
Comme un trésor révélé sur une toile
Elle montrera au monde ce qu'est le vrai bonheur

L'étincelle du destin

En l'espace d'une seconde son regard m'a charmé
Et mon cœur solitaire s'est trouvé enchanté
Par la personne que tu représentais à cet instant
Que tu es devenu une priorité évidente

Ainsi donc,

Le palais de mon cœur s'est mis à scintiller
Car ce regard a créé cette étincelle
Qui a allumé la fameuse flamme éternelle
Permettant à mon bonheur de briller

Et depuis,

Ta beauté rayonne dans mes rêves enchantés
A chaque réveil, tu es ma première pensée
Éclairant mes jours d'une lumière intense
Comme si chaque jour je vivais une nouvelle romance

Si bien que,

Je te protégerai contre des armées entières
Pour que personne ne puisse éteindre cette lumière
Qui brille actuellement, symbolisant notre bonheur
Car c'est l'univers à décider de bénir nos cœurs

Le fil du destin

On dit qu'un fil relie deux âmes sœurs
Peu importe la distance et les obstacles
Car l'univers conspire à leur bonheur
Jusqu'à conjuguer le temps pour un miracle

Il,

Arrive généralement au bon moment
Lorsque le désespoir est à son apogée
Et les nuits sombres commencent à se prolonger
Avec un subtil fil de couleur rouge au firmament

Le travail commence alors,

Un regard échangé pour une nouvelle flamme naissante
Quelques échanges suffisent à la rendre plus brillante
Jusqu'à l'évidence qui apparaît comme naturelle
Car les sentiments dans cette relation sont éternels

Ils,

Brilleront alors tous les jours sous la bénédiction des cieux
Et pourrons vivre le bonheur en tous lieux
Sous la bénédiction des étoiles du firmament
Avec la lune comme témoins de leur sentiment

La flame éternelle

Elle éclaire le chemin de deux âmes sœurs
Guidant leurs pas vers ce fameux destin
A se rencontrer jusqu'à trouver ce bonheur
Sur une nouvelle route aussi inattendue que soudain

Attendant patiemment le bon moment
Pour trouver celui qui pourrait la réveiller
Elle attend son âme sœur avec dévouement
Comme la coupe de feu attendent son nom pour briller

Elle nait d'un simple regard
Créant ce lien qui était dans l'attente
De cette étincelle qui deviendra puissante
Qu'elle illuminera alors tous les regards

Aux portes du palais et trône de nos cœur
Elle est synonyme de pure bonheur
Elle brille d'une force sans pareil
Qu'elle nous fait découvrir des merveilles

Une symphonie d'amour

Elle est d'une beauté intemporelle
Et dégage une aura de charme exceptionnelle
Elle représente à mes yeux le bonheur d'une vie
Car avec elle, chaque moment est pure magie

Il est vrai que,

Cette étincelle qui brille dans chaque instant
Représente les moments où le temps s'arrête
Et cette seconde figée représente ce fameux présent
Celle où nos cœurs forment qu'un et se complètent

Car,

Chaque moment sonne comme une promesse
Celle de Cupidon qui a lancé cette flèche de bonheur
Celle qui relie deux âmes sœur avec délicatesse
Faisant en sorte que nos cœurs soient à la bonne heure

Et pour finir,

La vérité éternelle que murmure mon cœur
Et,
Que chaque jour il t'aime de plus en plus
Car,
Nos moments riment comme une symphonie

La rose des vents

A la porte de mon cœur elle brille comme mille soleils
Cette rose aux mille pétales est une merveille
Celle d'un bonheur éternel qui brillera à jamais dans l'univers
Et ce, dans n'importe quel multivers

Elle représente cette boussole où,

Chacune de ses pétales me complète à chaque instant
Et plus j'apprends à la connaître, plus elle s'épanouira à mes yeux
Elle dégage cette grâce éternelle qui me rend heureux
Et chaque moment passé ensemble représente ce fameux présent

Donc,

Elle représente et représentera ma boussole de toujours
Avec l'est qui représente la rencontre de l'âme sœur
Qui me guidera à jamais vers l'ouest de son cœur
Et me montrera le nord de ses yeux profond sans détour

Il reste donc,

Le sud qui marquera cette fondation
Dans laquelle je la protégerai contre ces vents
Je serai son soutien dans chaque tempête rugissante
Une base dans laquelle son bonheur est ma dévotion

La clé du bonheur

Elle représente la boussole d'une vie
Car elle m'inspire à faire ces poésies
Elle représente cette clé du destin
Celle qui ouvre les portes d'un amour dans fin

Pour,

Une vie à deux comme un seul cœur
Battant à l'unisson à chaque heure
Rayonnant ce bonheur aux yeux du monde
Que les cieux veilleront sur nous à chaque seconde

Je l'ai offerte,

La clé du palais de mon cœur
Celle qui rayonne désormais avec splendeur
Car avec cette princesse au cœur d'or
Je sais qu'elle le gardera comme un trésor

L'Héritage de Pandore

Toujours dans cette quête, l'être aimé prend vie dans chaque mot, chaque souffle d'émotion. Elle est cette princesse, cette muse intemporelle, qui insuffle aux vers un souffle divin, illuminant l'obscurité des jours. Elle transcende le simple récit et devient l'étreinte douce de l'invisible, la lumière cachée dans l'ombre des pensées, la présence qui ravive les plus petites étincelles d'existence.

À l'image de Pandore, dont l'héritage fut l'espoir tapi au fond de la boîte, elle représente cette lumière qui éclaire les instants les plus ordinaires, les transformant en éclats de magie. Chaque poème est un fragment de cette alchimie, une trace de cette connexion profonde qui unit deux âmes.

L'amour, dans toute sa force et sa fragilité, s'inscrit ici comme une empreinte éternelle, un héritage précieux gravé dans le temps.

Pour la princesse

Je remercie les cieux chaque jour
D'avoir mis sur mon chemin cette perle de saphir
M'offrant l'occasion de saisir
Ce bonheur que je pensais perdu pour toujours

Elle,

Représente tout ce que j'ai toujours cherché
Une personne simple et authentique
Par sa prestance presque magique
Avec cette sagesse, un trésor que peu peuvent toucher

Mon souhait,

La voir heureuse chaque jour que Dieu fait
Même si tous les jours, on ne peut être parfait
Je ferai en sorte de l'aider briller à chaque aurore
Pour que son bonheur rayonne encore plus fort

La princesse guerrière

Elle a la grâce d'une guerrière
Celle qui n'hésite pas à affronter des chimères
Portant en elle cette lumière céleste
Celle qui confère en elle, une sagesse modeste

Effectivement,

A chaque épreuve qu'elle fait face
Elle sait faire cette distinction avec grâce
Observant chaque événement avec cette lucidité
Qu'elle arrive à entrevoir le mensonge dissimulé dans la vérité

Mais maintenant,

Auprès d'elle, je serai comme son armure
Je serai dans chacune de ses aventures
Allant à la guerre pour défendre son rang
Celle d'une princesse guerrière au cœur blanc

Sur un cheval blanc

La princesse soleil

C'est le soleil qui éclaire ma vie
Celle qui me donne toute cette énergie
D'affronter chaque journée comme un Prince étoile
Celui qui peut braver toutes les tempêtes glaciales

Sa présence,

Me réconforte, car je sais qu'elle veille sur mon cœur
Elle sait se défendre et me défendra telle une guerrière
Car chaque jour, c'est bien elle qui me donne cette lumière
Telle la gardienne d'un trésor du bonheur

Car,

Je lui ai offert la souveraineté de mon cœur avec ma couronne
Et je sais qu'elle saura protéger ce précieux trône
Aux côtés d'un prince au cœur blanc
Prêt à la défendre, sur un cheval blanc

La perle de l'océan

Ils sont au nombre de cinq

Symbole de mystère sur son Origine
Il fascine l'humanité par ses eaux salines
Une énigme dont seuls les cieux ont le secret
Qui donne cette fameuse couleur bleue à ses reflets

Dans le silence profond des abysses
Se cache cette perle inconnue du monde
Celle de l'océan qui bouge toutes les cinq secondes
Et visible uniquement lors d'une éclipse

Celle qui t'ouvre les portes vers l'éternel
Afin de rejoindre les cieux pour demander cette faveur
De trouver cette personne qui fera mon bonheur
Celle qui me correspond dans cet espace temporel

Je l'ai donc cherché des années,

Attendant patiemment le bon moment
Priant et cherchant sans relâche
Le résultat de cette énigme à chaque instant

Il se trouve,

Que j'ai pu l'apercevoir par un pur hasard
Dans les yeux d'une femme par un simple regard
Elle était bien présente, brillant comme un petit soleil
Dans les étoiles de mes yeux tout plein de merveille

Ainsi donc, je cherchais au mauvais endroit,

Cette perle apparaît, bel et bien à celui qui la cherche
Avec l'étincelle d'un regard depuis lequel elle émerge
Elle symbolise un lien mystique de deux âmes sœur
Qui sont unies devant l'éternel par ce bonheur

Le secret se trouve donc,
Dans les yeux de cette Princesse

Je t'apporte la lune

On dit que par amour on irait la décrocher
Car son éclat incarne la sagesse
Celle qui éclaire les âmes pures de richesse

Afin de,

Trouver ce bonheur reliant les âmes sœur
Celle qui unit deux personnes pour un cœur
Symbolisant ce mystère qui fait tant rêver
Cette énigme qui ne cesse d'émerveiller

Ainsi pour te le prouver,

Je t'apporterai la lune
Et je n'aurais même pas besoin de faire une tribune
Car pour te l'apporter ce n'est pas compliqué
Puisqu'une âme pure connaît cette vérité

Pour,

Capturer l'essence du bonheur
Et te protéger à chaque heure

L'étoile d'un cœur

A mes yeux elle est d'une beauté inégalée
Semblable à une nuit étoilée
Un mystère que mon cœur sait observer
Une étoile rare, si difficile à cerner

Elle brille d'une telle intensité
Que je pourrais la retrouver
Dans la constellation d'un ciel endormi

Elle,

Garde dans son regard cette douce brillance
Celle qui révèle son élégance
Avec lequel mon cœur l'a choisie

Pour,

Sa distinction parmi des millions d'étoiles
Car sa brillance s'accorde avec l'éclat de mon cœur
Inscrivant dans l'univers notre bonheur

Une Etoile de saphir

Elle a dans ses yeux la clé de mon bonheur
Celle qui illumine ma vie à chaque heure
Dans son sourire cette joie que j'admire
Semblable à l'éclat d'une étoile saphir

Fait,

De moi quelqu'un des plus chanceux
D'avoir trouvé cette perle mystérieuse
Elle représente aujourd'hui ma plus grande richesse
Car elle dégage la prestance d'une vraie princesse

Il faut savoir que,

Peu y arrivent à y entrer
Et encore plus à s'y installer
Car pour avoir cette place
Elle doit y entrer avec cette grâce

Mais pour toi, je donnerai cette place,

Sur le trône de mon cœur
Sur lequel tu règneras avec splendeur
Dans un palais orné de diamants
Recouvert de mes plus beaux sentiments

L'aurore boréal

Lorsque le ciel rencontre la terre
Le Bifröst ouvre un pont de lumière éphémère
Dans lequel on aperçoit ce fameux mystère
Celle d'un phénomène qui transcende la matière

Elle danse dans le ciel avec des étoiles éveillées
Comme cette vérité que le monde peut dévoiler
Uniquement à des conditions et à des moments spécifiques
Pour un spectacle plus que romantique

Cette aurore,

Elle s'est créée lorsque j'ai croisé ma princesse
L'univers a créé les conditions à notre rencontre
Un point de fusion lorsque j'ai croisé son regard de tendresse
Où chaque élément s'unit et s'affronte

Et depuis,

Dans ces yeux je peux voyager dans ce monde de bonheur
Où chaque seconde passée avec elle paraisse des heures
Des moments où j'ai l'étoile polaire qui éclaire mes yeux
Car j'ai trouvé cette personne qui me rendra heureux

Mon étoile polaire

Mon cœur dérive depuis des années
Cherchant cette quête qui m'est destinée
De trouver la personne qui me complète
Celle qui, à mes yeux, sera parfaite

J'ai navigué à vue sur des mers d'illusion
Cherchant dans chaque tempête une explication
Sur le fait de trouver cette perle de saphir
Patientant à chaque aurore, attendant le zéphyr

Puis l'étoile polaire m'est apparue en une seconde
La seul qui a su attirer mon attention dans ce monde
Qui représente aujourd'hui mon seul repère stable
Pour me guider nuit et jour dans un relation durable

Ma constellation

C'est,

La seule étoile qui brille à mes yeux
Celle dont le sourire est toujours radieux
Qui m'a fait découvrir ce qu'est être heureux
Que je ferai tout pour la rendre heureuse

Elle,

N'a de cesse de ma captivité
Par sa grâce que j'ai su admirer
Car elle dégage cette beauté stellaire
Qui brille d'une intensité solaire

Raison pour laquelle,

Elle représente ma constellation
Celle de deux étoiles jumelles éternelles
Bénie par cet univers intemporel

La perle du bonheur

Cette mission orchestrée par Cupidon
A créé cette rencontre de précision
D'une personne qui illuminera mes journées
Celle pour qui ma tristesse s'est inclinée

Elle est arrivée si vite que je n'ai pas tout compris
Qu'en m'arrêtant un instant j'ai été surpris
Par cette alchimie qui me relie à ma perle
Dont seul l'univers détient la clé de ce mystère

Elle est unique à mes yeux
Et représente tout ce que j'ai toujours voulu
Un bonheur tissé par Cupidon comme convenue
Avec cet équilibre pour vivre une vie heureuse

Car,

Notre connexion s'est faite tout naturellement
Et nos cœurs se complètent parfaitement
Formant ce bonheur sous forme d'une perle
Symbolisant cet amour éternel

Une perle d'éternité

Surveillée par Aphrodite elle-même

La légende raconte qu'elle hors de portée
De tous hommes car elle est bien gardée
Par des épreuves que peu peuvent l'emporter
Car elle est difficile à être accordée

Avec un amour authentique d'un prince charmant
J'irai donc passer ces épreuves sur un cheval blanc
Pour te rapporter cette perle d'éternité
Pour être admis parmi toutes les déités

Ainsi,
Il me faudra passer quatre épreuves
Sous le regard enchanté d'Aphrodite

La première épreuve est celle de la dévotion
Montrant mon engagement envers l'amour
Elle te trouvera donc sur le trône de mon cœur de velours
Rayonnant dans le palais de pure attention

La deuxième sera celle de la patience
Montrant ainsi ma capacité à attendre le bon moment
Elle constatera ma tristesse sans ta présence
Et la détresse passant des années à t'attendre patiemment

L'épreuve de la beauté intérieure est la plus difficile
Car elle nécessite un cœur pur de vérité
Elle sondera mon âme et verra qu'elle est fragile
Et empreint de beaucoup de sensibilité, d'empathie et d'humanité

La dernière est celui de la créativité
Exprime mes sentiments envers ce bonheur
Elle verra la perle de pandore à la porte de mon cœur
Et admettra que j'ai trouvé ce bonheur amplement mérité

Cette perle d'éternité sera la prochaine à être mise à l'honneur
Un dernier voyage pour clore cette trilogie.

Commençons brièvement ce voyage avec cette fondation d'Aphrodite

Dans cette quête du bonheur, il arrive que les chemins se séparent, que
l'amour ne soit pas réciproque, et que l'on apprenne à laisser partir ce qui
doit partir, tout en sachant que chaque étape est une leçon sur le respect,
l'acceptation et l'espoir.

La complexité des relations humaines est un thème intemporel qui résonne
profondément en chacun de nous. La leçon d'Aphrodite est une réflexion
sur l'importance du respect, de l'attention mutuelle et de l'éthique dans
toute relation.

La leçon d'Aphrodite

On dit que le bonheur est un cadeau
Que tout est beau quand c'est nouveau
Qu'on veut rester sur ce fameux nuage
Qu'on souhaite rester sur cette fameuse page

Que

Les paroles s'envolent et les écris restent
Que les actes prouvent ce que la parole laisse
Que forcer les choses ne fait qu'empirer
Et de quitter la table lorsque le respect est en détresse

Car

Une relation ne peut fonctionner à sens unique
Car vivre dans cette atmosphère ne serait pas éthique
Ce serait donc mentir et mendier l'attention
Pour au final vivre chaque instant avec pression

Il faut donc savoir

Observer et se retirer à temps
Lorsque c'est le bon moment
Que la volonté peut être de fer
Ce que le cœur ne peut taire

Et oui, ce dont il faut être fière, c'est

D'avoir donné toute son attention
Et ce, chaque jour dans exception
D'avoir essayé de la comprendre à chaque fois
Même si elle n'accordait pas d'attention par choix

Car aussi vrai que l'histoire le décrit,

Elle ne trouvera jamais autant d'attention
Que celle qu'on donne à chaque instant
Car on a tout donné pour être présent

Que rien n'arrive par hasard et qu'il faut,

Se respecter et savoir respecter une décision
Rester humble, même si on n'a pas cette même vision
Car le destin te prépare surement un future de bonheur
Avec cette fameuse Princesse où chaque instant est à la bonne heure

A Suivre...

Remerciement

Je tiens à exprimer ma sincère gratitude à toutes les personnes qui ont été essentielles à la réalisation de ce livre.

À mes parents, pour leur amour inestimable qui illumine chaque page de ma vie.

À mon frère, un véritable héros dans mon histoire, toujours à mes côtés.

À Serge et Clarisse, dont la présence et le soutien apportent une lumière précieuse dans ma vie, merci pour votre bienveillance et votre générosité.

À Gino et Hélène, qui insufflent douceur et réconfort à mon quotidien, votre amour et votre présence sont des trésors inestimables.

À Olivia et Mathieu, qui embellissent ma vie de tendresse et de complicité. Notre lien est comme une flamme éternelle, qui ne cesse de briller chaque jour. Merci d'être ces étoiles dans mon ciel.

À mes cousines adorées, Amélie et Léane, qui remplissent ma vie de joie et de rires, votre affection est une richesse précieuse. Et bien sûr, la petite dernière, Eva.

À Napoléon, mon étoile guide et mon professeur, dont la force et la bienveillance me soutiennent toujours.

À tous, merci de faire partie de ma vie et de rendre ce voyage encore plus magique.